MÉLANGES MILITAIRES
XVIII-XIX

DE LA
DÉTERMINATION DU CALIBRE

DANS

LES ARMES PORTATIVES

PAR

J. L.

CAPITAINE D'ARTILLERIE

PARIS
CH. TANERA, ÉDITEUR
LIBRAIRIE POUR L'ART MILITAIRE ET LES SCIENCES
Rue de Savoie, 6

1872

DE LA

DÉTERMINATION DU CALIBRE

DANS

LES ARMES PORTATIVES

PUBLICATIONS

DE LA RÉUNION DES OFFICIERS

I. — **L'Armée anglaise en 1871, au point de vue de l'offensive et de la défensive.**
Brochure in-12. . . . . 25 cent.

II. — **Organisation de l'armée suédoise. — Projet de réforme.** — Brochure in-12. . . . . 25 cent.

III-IV. — **Mode d'attaque de l'infanterie prussienne dans la campagne de 1870-1871**, par le duc GUILLAUME DE WURTEMBERG, traduit de l'allemand par M. CONCHARD-VERMEIL, lieutenant au 13ᵉ régiment provisoire d'infanterie. — Brochure in-12 . . . . 50 cent.

V. — **De la Dynamite et de ses applications pendant le siége de Paris.** — Brochure in-12 . . . . 25 cent.

VI. — **Quelques idées sur le recrutement**, par G. B.
Brochure in-12. . . . . 25 cent.

VII. — **Étude sur les Reconnaissances**, par le commandant PIERRON. — Brochure in-12. . . . . 25 cent.

VIII-IX-X. — **Étude théorique sur l'organisation d'un corps d'éclaireurs à cheval**, par H. de la F.
Brochure in-12. . . . . 75 cent.

XI-XII-XIII. — **Étude sur la défense de l'Allemagne occidentale, et en particulier de l'Alsace-Lorraine.**
Traduit de l'allemand. — Brochure in-12. . . . . . 75 cent.

XIV. — **L'armée danoise. — Organisation. — Recrutement. — Instruction. — Effectif.** — Broch. in-12. 25 cent.

XV-XVI-XVII. — **Les places fortes du N.-E. de la France, et essai de défense de la nouvelle frontière.**
Brochure in-12 . . . . 75 cent.

---

206 — Imp. H. Carion, rue Bonaparte, 64.

DE LA
DÉTERMINATION DU CALIBRE

DANS

LES ARMES PORTATIVES

PAR

J. L.

CAPITAINE D'ARTILLERIE

PARIS
CH. TANERA, ÉDITEUR
LIBRAIRIE POUR L'ART MILITAIRE ET LES SCIENCES
Rue de Savoie, 6

1872

DE LA
DÉTERMINATION DU CALIBRE
DANS
LES ARMES PORTATIVES

---

§ 1. — La détermination du calibre, aussi bien pour les armes portatives que pour les bouches à feu de campagne, repose sur la relation bien connue en mécanique sous le nom de : théorème des quantités de mouvement. Quand on suppose l'axe du canon horizontal, la somme des impulsions des forces *extérieures* (pesanteur) projetées sur l'axe du canon est égale à zéro, en sorte qu'il en est de même de la somme des accroissements des quantités de mouvement qui correspondent aux masses du système matériel considéré. Or, si l'on évalue cet accroissement entre le moment où les premières portions des gaz de la poudre commencent à se produire et celui où la balle sort du canon, on trouve sans difficulté, en tenant compte du sens du mouvement par les signes attribués aux vitesses, que l'équation des quantités de mouvement peut s'écrire ainsi :

$$Mv = mV + \mu \left(\frac{V-v}{2}\right)$$

le deuxième terme du second membre étant une valeur très-suffisamment approchée de la quantité de mouvement des gaz de la poudre; ou, en remplaçant les masses par les poids correspondants qui leur sont proportionnels, et négligeant dans le premier membre le poids ϖ de la charge, par rapport au poids P de l'arme :

$$Pv = pV \left(1 + \frac{\varpi}{2p}\right)$$

p étant le poids de la balle, v la vitesse de recul de l'arme et V la vitesse de la balle à la sortie du canon, dite vitesse *initiale*.

Le produit Pv peut être considéré comme la mesure de l'effort avec lequel l'épaule du tireur doit réagir sur l'arme pour anéantir cette vitesse de recul, toujours préjudiciable à l'exactitude du tir. On conçoit, en effet, qu'à égalité de vitesse de recul, l'impression subie par l'épaule sera d'autant plus forte, que le poids P de l'arme sera plus grand, et qu'à égalité dans le poids des armes, le choc ressenti par le tireur sera en raison de la grandeur de v. Il n'en résulte pas néanmoins que, étant donnée une valeur Q de Pv, reconnue acceptable au point de vue des conditions du tir, on puisse toujours se donner P ou v arbitrairement, pourvu que Pv soit toujours égal à Q. Il est clair, en effet, que si l'on diminue indéfiniment le poids P de l'arme, v grandira de son côté indéfiniment. Or, quand la vitesse de recul d'une arme légère dépasse une certaine limite, le tireur éprouve, au moment du départ, plus de difficulté à la maintenir, malgré la diminution du poids de celle-ci. Cette difficulté, dont il a connaissance, provoque en outre chez lui, une appréhension instinctive, dont l'effet entraîne des modifications soit dans la position du tireur, soit dans la manière dont il tient l'arme et qui le détermine à procéder autrement que dans un tir normal, lorsqu'il fait usage d'une arme d'un poids plus lourd, mais reculant avec une moindre vitesse.

La détermination des limites de P et de v devait être nécessairement du domaine de l'expérience. Comme cette vitesse v du recul provient, en définitive, de l'effort exercé par les gaz, en d'autres termes de la masse de la balle et de la charge qui imprime à celle-ci une vitesse V, on en conclut qu'on peut augmenter à égalité de vitesse de recul, l'effort développé dans l'intérieur du canon, à la condition d'augmenter le poids de l'arme. Il en résulte bien, à la vérité, une augmentation dans la valeur Q de Pv qui mesure l'effort du recul ; mais, comme on l'a dit ci-dessus, l'augmentation de P est moins nuisible au résultat du tir que l'augmentation de v. Si, en effet, le poids P augmentait indéfiniment, Q restant constant, v tendrait vers zéro, autrement dit, l'arme tendrait de plus en plus à rester immobile. Le tir gagnerait indéfiniment en précision ; seulement l'arme s'éloignerait indéfiniment des conditions d'une arme portative.

Dans cet ordre d'idées, on est conduit à adopter pour une arme de guerre celle du poids le plus grand possible. Ce poids maximum est déterminé par les conditions de service qui sont les suivantes. Il faut que le soldat auquel l'arme est destinée puisse la porter sans fatigue dans les marches et dans les manœuvres, la manier sans difficulté dans l'escrime à la baïonnette et la soutenir à bras francs pendant le tir.

Le poids de l'ancien fusil de munition sans baïonnette (9 livres et demie ou 4^k,650 environ) n'est plus de nos jours en rapport avec la force des hommes de la taille qui est fixée par le recrutement.

Celui du fusil de 1857, sans baïonnette, avait été réduit à 4^k,350, ce que l'on avait considéré comme un progrès ; enfin le fusil d'étude du calibre de 11^{mm},5, présenté en 1865 par la Commission de Vincennes, ne pesait plus que 4 kilog., réduction de 1/13 adoptée en prévision d'une plus grande quantité de munitions dans l'approvisionnement porté par le soldat.

Le fusil modèle 1866 pèse sans baïonnette 4^k,060.

La carabine modèle 1859 pesait 4^k,475, mais c'était une

arme exceptionnelle destinée à des troupes recrutées dans des conditions spéciales.

Le tableau ci-dessous donne les valeurs de Pv et de v pour les cinq armes dont nous venons de parler, auxquelles on a cru devoir joindre une arme exceptionnellement légère, le mousqueton d'artillerie, modèle 1829 transformé *bis*. Ces valeurs ont été calculées par la formule ci-dessous.

$$\mathrm{P}v = p\mathrm{V}\left(1 + \frac{\pi}{2p}\right)$$

DÉSIGNATION DES ARMES.	Poids P de l'arme sans baïonnette	Poids p de la balle.	Poids ϖ de la charge.	Vitesse initiale V.	Valeur de Pv.	Valeur de v.	Observations
	kil.	gr.	gr.	m.		m.	
Ancien fusil lisse (dit de munition).	4 659	27 0	9. 0	446	14 0	3 00	Poudre ordinaire.
Fusil rayé modèle 1867 (balle 1863).	4 330	36 0	4 5	324	12 4	2 86	id.
Fusil d'étude du calibre de 11^{mm}5.	4 090	27 0	5 0	425	12 5	3 12	Poudre B.
Fusil modèle 1866 (nouvelle charge).	4 060	24 65	5 50	420	11 6	2 87	id.
Carabine modèle 1859.	175 4	48 0	5 25	310	15 7	3 50	Poudre ordinaire.
Ancien mousqueton d'artillerie.	2 550	36 0	3 0	280	10 5	4 12	id.

L'examen de ce tableau permet d'arriver à la conclusion suivante : la valeur $Pv = 12,5$ (d'où $v = 3^m,12$ pour $P = 4^k$) ayant été considérée comme acceptable d'après les nombreuses expériences faites sur le fusil d'étude du calibre de $11^{mm},5$, on voit que dans l'établissement du modèle d'une arme d'un poids égal ou supérieur à 4 kilog., rien n'empêche de prendre pour point de départ $Pv = 12,5$. Il en résultera des vitesses de recul toujours supportables, parce qu'elles seront toutes égales ou supérieures à $3^m,12$. En d'autres termes, on pourra, afin de se placer dans les conditions les plus favorables, considérer le poids 4 kilog. comme un *minimum*, et la vitesse $3^m,12$ comme un *maximum* dans l'hypothèse d'une valeur constante 12,5 de Pv. A plus forte raison sera-t-on dans des conditions meilleures au point de vue du recul, si, en partant du poids *minimum* de 4 kilog., on choisit pour Pv un nombre inférieur à 12,5.

C'est ce dernier nombre que nous adopterons le plus souvent dans les exemples et les applications que nous citerons plus bas.

§ 2. — D'après de nombreuses expériences, il est établi que lorsqu'on opère sur des armes de calibres différents, mais dont les longueurs d'âme sont égales ou à peu près (de $0^m.80$ à 1 mètre, par exemple) on reconnaît que la *même* quantité d'une *même* poudre imprime à un *même* poids de plomb une vitesse initiale à fort peu près la *même*, en supposant aussi que les conditions de forcement ne diffèrent pas beaucoup d'une arme à l'autre.

Les petits calibres donnent néanmoins des vitesses un peu plus fortes que les gros calibres, toutes choses égales d'ailleurs, ce qu'il faut attribuer sans doute à la diminution de tension qu'éprouvent les gaz dans les gros calibres, par suite de leur refroidissement plus rapide en raison de la plus grande surface de parois avec laquelle ils sont en contact, depuis la culasse jusqu'à la bouche. Cette restriction faite, il était intéressant de résumer dans un tableau à part tous les résultats de vitesse initiale obtenus, à l'aide de chronoscopes électro-balistiques, dans les petits calibres, seuls admissibles désormais, pour une même espèce de poudre telle que la poudre B par exemple, ou certaines poudres vives, d'un dosage à peu près identique, employées dans les armes étrangères à cause du moindre encrassement qu'elles laissent dans les canons. Dans ce tableau, on a pris pour *argument* le rapport $\frac{\varpi}{p}$ du poids de la charge à celui du projectile ; les vitesses V correspondantes sont portées en regard. Ces vitesses peuvent être considérées comme les ordonnées d'une courbe dont les abscisses seraient les différentes valeurs de $\frac{\varpi}{p}$; cette courbe a pu être tracée de manière à passer le plus près possible des points obtenus d'après les résultats moyens. Les différences avec ceux-ci sont d'ailleurs presque insensibles ; elles sont de l'ordre des écarts d'un coup à l'autre, observés en général dans les expériences.

Les vitesses mentionnées au tableau supposent que la balle est en contact avec la poudre, qu'il n'y a pas de vide entre la charge et les parois, et qu'il y a obturation du côté de la culasse. Aussi n'a-t-on fait entrer dans le calcul des moyennes ni les résultats du fusil prussien ni ceux du fusil modèle 1866, armes à *chambre ardente*, comme on sait.

Valeurs du rapport $\frac{\varpi}{p}$	Vitesse V.	Valeurs du rapport $\frac{\varpi}{p}$	Vitesse V.
0.06	243^m	0.24	504^m
0.08	280	0.26	523
0.10	315	0.28	540
0.12	348	0.30	555
0.14	379	0.32	568
0.16	408	0.34	579
0.18	436	0.36	588
0.20	460	0.38	595
0.22	483	0.40	600

Observations. — Les valeurs de V provenant en général d'expériences faites avec des cartouches métalliques, peuvent être un peu trop fortes; car 1° outre la vitesse due à la poudre, elles contiennent encore celle qui est due au fulminate, fraction qui n'est pas négligeable, surtout quand les cartouches sont à inflammation *périphérique* et que la charge est faible; 2° les expériences ont été faites dans des armes de petits calibres pour lesquelles, comme on l'a dit, les vitesses surpassent un peu celles des gros. Ce tableau, pour les poudres lentes et les gros calibres, donnera d'ailleurs une approximation plus que suffisante pour l'objet que l'on a en vue. Les résultats pourront au surplus être contrôlés *à posteriori* à l'aide des chronoscopes électrobalistiques.

Ajoutons ici le tableau des valeurs de $V\left(1 + \frac{\varpi}{2p}\right)$ dont nous ferons usage tout à l'heure.

Valeurs de $\frac{\varpi}{p}$	Valeurs de $\left(1+\frac{\varpi}{2p}\right)$	Valeurs de $V\left(1+\frac{\varpi}{2p}\right)$	Valeurs de $\frac{\varpi}{p}$	Valeurs de $\left(1+\frac{\varpi}{2p}\right)$	Valeurs de $V\left(1+\frac{\varpi}{2p}\right)$
0.06	1.03	250	0.24	1.12	564
0.08	1.04	291	0.26	1.13	591
0.10	1.05	331	0.28	1.14	616
0.12	1.06	369	0.30	1.15	638
0.14	1.07	405	0.32	1.16	659
0.16	1.08	441	0.34	1.17	677
0.18	1.09	474	0.36	1.18	694
0.20	1.10	506	0.38	1.19	708
0.22	1.11	536	0.40	1.20	720

Ces deux tableaux peuvent être représentés par deux courbes dont les abscisses seraient les valeurs du rapport $\frac{\varpi}{p}$ et les ordonnées les valeurs des vitesses V d'une part et d'autre part les valeurs de $V\left(1+\frac{\varpi}{2p}\right)$. Ces courbes dont il est facile de se figurer la forme ne se coupent évidemment pas, et elles tournent leur concavité vers l'axe des abscisses. Pour abréger, nous désignerons la première de ces courbes par la lettre (X), la seconde par la lettre (Y).

§ 3. — Revenons maintenant au problème de l'établissement d'une arme de guerre; fixons à 4 kilog. le poids du fusil sans baïonnette et prenons le nombre 12.5 pour la quantité Pv qui mesure le recul, d'où $v = 3^m.12$, vitesse de recul admissible, d'après ce que nous avons vu plus haut.

Supposons qu'on se serve de la poudre B pour la cartouche ou de toute autre poudre vive d'un dosage analogue.

Avant d'aller plus loin, adoptons pour le projectile la forme cylindro-ogivale, et fixons la figure de cette ogive en choisissant une forme à peu près pareille à celle de toutes les balles allongées. Ce sera, si l'on veut, un demi-ellipsoïde de révolution dont la base sera un cercle de rayon égal au demi-calibre $\frac{d}{2}$, et dont le demi-grand axe aura une hauteur égale au calibre d. Son volume en centimètres cubes aura pour valeur, en supposant que d soit exprimé en centimètres, $\frac{1}{6}\pi d^3$.

Si l'on appelle λ le rapport de la hauteur totale de la balle au calibre, cette hauteur sera λd, et celle de la partie cylindrique $(\lambda - 1)d$; le volume de la partie cylindrique aura pour expression $\frac{\pi d^3}{4}(\lambda - 1)$.

Soit p le poids de la balle en grammes, son volume en centimètres cubes sera $\frac{p}{11.35}$, 11.35 étant le poids spécifique du plomb étampé. Egalant cette fraction à la somme des deux volumes précédents, on trouve tout calcul fait (en remplaçant π par sa valeur 3.1416).

$$p = 8.914..\left(\lambda - \frac{1}{3}\right)d^3,$$

relation entre le poids p de la balle, son calibre d et le rapport λ défini, comme on l'a dit plus haut, lequel doit rester compris entre 2.5 et 3.0. — Si au lieu d'une ogive on avait adopté une demi-sphère pour la partie antérieure de la balle, on aurait trouvé $p = 8.914..\left(\lambda - \frac{1}{6}\right)d^3$.

§ 4. — Nous distinguerons trois cas principaux en faisant chaque fois ressortir les données de la question.

Premier cas. — On donne la valeur de Pv, ainsi que la forme de la balle (ce qui revient à donner la valeur de λ dans la formule du paragraphe précédent, et par conséquent le rapport $\frac{p}{d^3}$ ou réciproquement); indiquer la marche à suivre pour trouver le *calibre* le plus favorable, suivant les conditions auxquelles on veut que l'arme satisfasse.

Deuxième cas. — On donne Pv, ainsi que le *calibre* d de la balle : indiquer la marche à suivre pour trouver la proportion la plus favorable (autrement dit, la valeur de λ) entre la hauteur et le calibre, suivant les conditions auxquelles on veut que l'arme satisfasse.

Troisième cas. — On donne la vitesse initiale V, ainsi que la forme de la balle (autrement dit la valeur λ, et par conséquent le rapport $\frac{p}{d^3}$ ou réciproquement); trouver le calibre maximum eu égard à la valeur de Pv qui caractérise l'arme à construire, valeur qui dépend elle-même, comme on sait (§ 1), de la nature des troupes auxquelles l'arme est destinée.

§ 5. — *Premier cas.* — Soit Pv = 12, 5, d'où V = 3^m,12 si P = 4^k. Adoptons pour λ une valeur telle que le rapport $\frac{p}{d^3}$ soit exprimé par un nombre entier, afin de simplifier les calculs numériques. Ainsi, nous poserons $\frac{p}{d^3}$ = 20; en d'autres termes, p = 20^{gr} pour d = 1^c ou 10^{mill}. Remplaçant, dans la relation du § 3, $\frac{p}{d^3}$ par 20, on trouvera facilement que cette hypothèse équivaut à $\lambda = 2.58$, nombre compris entre 2, 5, et 3,0, et par conséquent admissible, conformément aux conventions adoptées.

Choisissons différents poids p de la balle à partir de 20^{gr}, considéré comme poids minimum. Par exemple :

20^{gr},0 22^{gr},5 25^{gr},0 27^{gr},5 30^{gr},0 32^{gr},5 35^{gr},0

Les quotients du nombre $Pv = 12,5$ par ces différentes valeurs de p, exprimées en kilogrammes, seront à une unité près,

625 555 500 455 417 385 357

et comme $\dfrac{Pv}{p} = V\left(1 + \dfrac{\pi}{2p}\right)$, nous pourrons, en nous reportant à la courbe (Y), chercher les ordonnées de cette courbe (§ 2) égales à ces dernières valeurs. Les abscisses qui leur correspondront seront évidemment les valeurs du rapport $\dfrac{\pi}{p}$ et les ordonnées de la courbe (X) seront les vitesses initiales qu'il faudra imprimer respectivement aux balles de poids p, pour que la valeur de $pV\left(1 + \dfrac{\pi}{2p}\right)$ ou son égale Pv, soit constamment égale à 12,5.

On trouve ainsi pour le rapport $\dfrac{\pi}{p}$ des nombres égaux à fort peu près aux nombres suivants :

0,288 0,234 0,196 0,168 0,147 0,129 0,114

et pour les valeurs V des vitesses initiales, les nombres décroissants,

546^m 497^m 455^m 419^m 389^m 362^m 338^m

Les poids de poudre à employer (poudre B ou d'un dosage

analogue) pour imprimer ces vitesses, s'obtiendront d'une manière très-approchée, en multipliant chacun des poids de balle par les rapports qui leur correspondent. On trouverait ainsi (pour des armes se chargeant par la culasse) :

$5^{gr},8 \quad 5^{gr},3 \quad 4^{gr},9 \quad 4^{gr},6 \quad 4^{gr},4 \quad 4^{gr},2 \quad 4^{gr},0$

(fulminate non compris) nombres qu'on pourrait contrôler au besoin, une fois les armes faites, à l'aide d'un appareil électro-balistique. S'il fallait alors augmenter la charge, il en résulterait, à la vérité, une augmentation de Pv; mais on verra plus bas que cette différence est toujours négligeable.

Pour trouver les calibres, on remplacera successivement dans la formule $p = 20\,d^3$ $\left(\text{d'où } d = \sqrt[3]{\dfrac{p}{20}}\right)$ le nombre p par chacun des poids de balle

$20^{gr},0 \quad 22^{gr},5 \quad 25^{gr},0 \quad 27^{gr},50 \quad 30^{gr},0 \quad 32^{gr},5 \quad 35^{gr},0$

et en extrayant la racine cubique, on trouvera, pour les calibres en millimètres des balles à essayer,

$10,0 \quad 10,40 \quad 10,77 \quad 11,12 \quad 11,45 \quad 11,76 \quad 12,05$

§ 6. — Il faudrait alors faire construire des armes de ces différents calibres, ou du moins de calibres très-légèrement supérieurs ou inférieurs (suivant que l'arme se chargerait par la bouche ou par la culasse). On pourrait aussi conserver aux armes les calibres calculés ci-dessus, puisque le calibre des balles à la sortie du canon est le même, par suite du forcement, que le calibre des armes, sauf à fabriquer des balles d'un calibre légèrement plus fort ou plus faible, suivant le mode de chargement de l'arme, par la culasse ou par la bouche.

Dans chacune des armes prises isolément, on essaierait successivement différentes charges avec la balle qui correspond au calibre de l'arme, jusqu'à ce qu'on ait trouvé la charge convenable pour la vitesse inscrite au tableau ci-dessus. On se servirait pour cela d'un appareil électro-balistique, système Le Boulengé ou autres. Une fois toutes ces charges déterminées, on exécuterait successivement, avec chaque arme, un tir de justesse jusqu'aux distances les plus éloignées. Le tableau des résultats ferait évidemment ressortir le calibre auquel on devrait donner la préférence. On conçoit, en effet, que les balles de petit calibre, bien qu'animées d'une grande vitesse initiale, perdraient rapidement cette vitesse, en raison de leur faible masse, et ne pourraient atteindre une grande distance (1000^m qu'on fixerait, par exemple, comme limite supérieure des portées). Les balles des calibres plus forts n'y parviendraient pas non plus en raison de leur moindre vitesse initiale. Il y aurait, dans tous le cas, une balle d'un calibre intermédiaire qui porterait plus loin que toutes les autres. C'est ce calibre que, toutes choses égales d'ailleurs, il y aurait lieu d'adopter dans le cas où l'on rechercherait avant tout une grande portée. Les grandes tensions, au moins dans les premières portions de la trajectoire, seraient données par les petits calibres pour lesquels les balles, de faible poids, seraient animées de vitesses initiales considérables, mais diminuant, il est vrai, assez rapidement par suite de la résistance de l'air; les balles des calibres les plus forts auraient l'avantage sous le rapport de la justesse en raison de leurs masses plus grandes et de leurs moindres vitesses.

La commission permanente de Vincennes, après des expériences exécutées dans cet ordre d'idées, avait proposé, en 1865, un fusil rayé de petit calibre se chargeant par la bouche, pour l'armement des troupes d'infanterie. La balle pesait environ 27^{gr}, le calibre de l'arme était de $11^{mm}5$; celui de la balle lui était nécessairement inférieur, puisque l'arme se chargeait par la bouche ; la vitesse initiale d'environ 425^m. Cette arme, soigneusement étudiée, était fort remarquable comme tension, justesse et portée.

Au lieu de partir des poids de la balle en nombres ronds, on aurait pu prendre pour points de départ les calibres des *armes* en nombres ronds : les courbes ci-dessus auraient donné les poids et les vitesses correspondantes. On aurait trouvé ainsi entre 10^{mm} et 12^{mm}5, en supposant toujours Pv = 12,5, et $p = 20\, d^3$.

Calibres des armes en millimètres.....	10.0	10.5	11.0	11.5	12.0	12.5
Poids des armes en grammes......	20.0	23.16	26.62	30.42	34.56	39.06
Vitesses initiales correspondantes en mètres......	546	486	433	384	341	305

Le calibre 10^{mm} aurait été considéré comme une limite inférieure, car au-dessous de ce calibre le poids des balles paraît trop faible pour qu'elles soient encore meurtrières, en raison de leur perte de vitesse, aux dernières distances du tir et les vitesses initiales atteindraient des valeurs trop considérables pour correspondre à des charges de poudre *pratiques.*

§ 7. — Telle est, aussi bien pour les armes rayées se chargeant par la bouche, que pour celles se chargeant par la culasse, la méthode que l'on peut suivre pour la solution du problème qui consiste à déterminer *le calibre le plus favorable.* On voit que cette solution suppose les données suivantes : 1° Pv constant, autrement dit la quantité de mouvement constante. Quant à la valeur de Pv, nous avons pris 12,5 pour nous mettre dans des conditions très-avantageuses au point de vue d'un recul; on pourrait prendre un nombre plus grand sans cependant jamais dépasser 13,0 pour des armes destinées au service de l'infanterie, et 15,5 pour les armes plus lourdes destinées à l'armement de tirailleurs spéciaux; 2° un poids de balle proportionnel au cube du calibre, ce qui entraîne la mise en expérience d'une série de balles ayant des formes géométriquement *semblables*, formes caractérisées principalement par la condition qu'il y ait entre leur longueur l et leur calibre d une relation telle que $l = \lambda d$, λ étant un nombre une fois fixé et compris entre 2,5 et 3,0.

La question étant ainsi posée, la solution fait ressortir : 1° que les plus petits calibres ne sont pas *à priori* ceux que l'on doit préférer; 2° qu'il existe un certain calibre répondant plus spécialement aux conditions imposées; 3° que si l'on diminuait ce calibre, il en résulterait une diminution dans le poids de la balle ($p = kd^3$), ce qui la placerait dans des conditions défavorables au point de vue de la résistance de l'air, lorsqu'on recherche avant tout une grande portée; 4° que, dans la même hypothèse, si on augmentait le calibre, la masse de la balle augmenterait aussi, ce qui la mettrait dans des conditions défavorables au point de vue de la vitesse *initiale*.

§ 8. *Deuxième cas.* — Supposons que l'on donne la valeur de Pv, et voyons tout d'abord si, pour une arme destinée au service de l'infanterie le calibre peut être imposé, ou du moins entre quelles limites il peut être imposé, en admettant, bien entendu, qu'il ne s'agisse pas de la *transformation* d'une arme précédemment en service.

On sait déjà (§ 1) que, pour une arme destinée à l'infanterie (4 k.), Pv ne doit guère dépasser 12,5 : supposons, comme nous l'avons dit, que nous adoptions cette valeur. D'autre part, eu égard à ce qu'on doit exiger maintenant d'une arme portative de guerre, au point de vue de la tension de la trajectoire et de la portée, on ne peut guère descendre, pour la vitesse initiale, au-dessous du minimum de 400^m.

Cela posé, les tableaux et les courbes du § 3 donnent pour V = 400^m, $V\left(1 + \dfrac{\pi}{2p}\right) = 431$, le rapport $\dfrac{\pi}{p}$ étant égal environ à 0,156, d'où pour le poids maximum de la balle pleine, $p = \dfrac{Pv}{V\left(1 + \dfrac{\pi}{2p}\right)} = \dfrac{12,5}{431} = 29{\rm gr}0$. La longueur de cette balle devant varier entre 2,5 et 3,0 calibres, il faudra, si nous conservons toujours la même forme d'ogive, nous reporter à la formule du § 3, $p = 8,914 \left(\lambda - \dfrac{1}{3}\right) d^3$, et remplacer, dans cette expression, d'abord p par 29 et λ successivement par 2,5 et 3,0 ce qui donnera :

1° $\qquad d = \sqrt[3]{\dfrac{29}{19,314}} = 11^{mm},47$

et 2° : $\qquad d = \sqrt[3]{\dfrac{29}{23,771}} = 10^{mm},69.$

Les limites du calibre à imposer seront donc comprises entre 10^{mm},7 et 11^{mm},5, autrement dit, *le calibre sera* 11^{mm}, à moins de $\dfrac{1}{2}$ millimètre, soit en plus, soit en moins.

Si au lieu de l'ogive du § 3, nous avions adopté une autre forme pour la partie antérieure, telle, par exemple, qu'une demi-sphère dont le diamètre serait égal au calibre de la balle, la même conclusion subsisterait encore.

Il n'est pas difficile de voir que dans ce cas, on aurait :

$$p = 8,914 \left(\lambda - \frac{1}{6} \right) d^3$$

Si l'on y fait $p = 29$, et successivement $\lambda = 2,5$ et $3,0$, on trouve pour les deux valeurs de d

$$11^{mm}17 \text{ et } 10^{mm}46$$

ou encore 11^{mm} à $\frac{1}{2}$ millimètre près, soit en plus soit en moins.

On voit donc que, s'il s'agit d'une arme portative à créer de toutes pièces, le calibre est plutôt un *résultat* qu'une *donnée* de la question.

Fixons donc notre calibre à 11^{mm} et puisque l'expression $p = 8,914 \left(\lambda - \frac{1}{3} \right) d^3$, suppose que d est exprimé en *centimètres*, remplaçons, dans cette égalité, d par 1^{c1}, on aura, tout calcul fait : $p = 11,8645\, \lambda - 3,955$, en grammes, ce qui donne le poids d'une balle du calibre de 11^{mm} en fonction du rapport λ de sa longueur totale à son calibre. Faisons alors varier λ de dixième en dixième : nous trouverons pour

$\lambda =$	2,5	2,6	2,7	2,8
les poids $p =$	$25^{gr},7$	$26^{gr},9$	$28^{gr},1$	$29^{gr},3$
et les longueurs $\lambda d =$	$27^{mm},5$	$28^{mm},6$	$29^{mm},7$	$30^{mm},8$

Sans donner à λ des valeurs supérieures à $2,8$, puisque pour cette dernière valeur le poids de la balle atteint et dépasse même un peu 29 grammes, nous diviserions 12,5 par les quatre poids de balle que l'on vient de trouver. Les quatre quotients seraient considérés comme des ordonnées de la courbe (Y), les abscisses correspondantes étant les valeurs de $\frac{\pi}{p}$ et les ordonnées de la courbe (X) les valeurs des vitesses initiales. En d'autres termes, on serait ramené au problème du § précédent.

Les vitesses initiales trouvées seraient :

$V = 445^m$ 428^m 412^m 397^m (très-voisine de 400^m)

et les charges de poudre approximatives (armes se chargeant par la culasse)

$\pi = 4^{gr},8$ $4^{gr},7$ $4^{gr},6$ $4^{gr},5$

fulminate non compris.

§ 9. — En raisonnant comme aux paragraphes 5 et 6, on verra que, une fois les nombres précédents obtenus, il y aurait lieu de fabriquer des balles *ayant toutes le calibre de 11 millimètres*, mais des longueurs différentes déterminées en faisant varier λ entre 2,5 et 2,8, conformément à ce qui vient d'être indiqué. On vérifierait, à l'aide d'un appareil électro-balistique, les poids de poudre B qui leur imprimeraient les vitesses calculées ci-dessus, comprises entre 445 mètres et 400 mètres. Une fois les charges respectives déterminées, on exécuterait successivement, avec chaque *espèce de balle*, un tir de justesse jusqu'aux distances les plus éloignées. Le tableau des résultats ferait évidemment ressortir la longueur de balle à laquelle on devrait donner la préférence. On conçoit, en effet, que les balles les plus *courtes*, bien qu'animées d'une grande vitesse initiale, perdraient rapidement cette vitesse en raison de leur moindre masse, et ne pourraient atteindre une grande distance, du moins avec des angles de mire et des hausses admissibles. Les balles les *plus longues*, et par conséquent les plus massives, n'y parviendraient pas non plus, en raison de leur moindre vitesse initiale. Il y aurait, dans tous les cas, une balle d'une longueur intermédiaire, longueur que, toutes choses égales d'ailleurs, il y aurait lieu de choisir dans le cas où l'on rechercherait avant tout une grande portée. Les grandes tensions, au moins aux premières distances, seraient données par les balles les plus courtes, c'est-à-dire de plus faible poids, lesquelles seraient animées de vitesses initiales considérables à la vérité, mais diminuant d'une manière rapide, par suite de la résistance de l'air. Les balles les plus longues auraient l'avantage, sous le rapport de la justesse, en raison de leurs masses plus grandes et de leurs moindres vitesses.

§ 10. — Lorsqu'il s'agit d'une transformation, le problème n'est plus aussi simple, si l'on veut que l'arme reste portative et ne donne lieu qu'à un recul supportable. Ainsi, pour le fusil Snider (Enfield transformé), le calibre de l'arme primitive, $14^{mm},6$, aurait imposé pour $\lambda =$ seulement 2,5, une balle pleine pesant 60 grammes. Le rapport λ a dû être abaissé jusqu'à 1,9; de plus, on a évidé la balle sur les 6/7 de sa hauteur pour en diminuer le poids. Le projectile ainsi modifié pèse encore plus de 30 grammes; sa vitesse initiale est de 380 mètres, imprimée par une charge de poudre d'un peu plus de $4^{gr},4$. La valeur de Pv correspondante (13,8) suppose un poids d'arme et une vitesse de recul admissibles seulement pour une infanterie d'un recrutement spécial, comme celle de l'Angleterre.

La transformation des armes françaises (fusil rayé modèle 1857 et carabine modèle 1859) présentait encore plus de difficulté pour des armes dont le calibre réglementaire était de $17^{mm},8$, et qui allait, dans certaines armes ayant beaucoup servi, jusqu'à $18^{mm},2$ et $18^{mm},4$. Aussi le projectile du fusil modèle 1867 n'a-t-il guère plus de 1 calibre de longueur, bien qu'il soit profondément évidé. Pour les deux armes, la vitesse initiale ne dépasse guère 300 mètres, car il a fallu rester dans des conditions de recul des armes primitives.

§ 11. — *Troisième cas.* — On donne la vitesse intiale $V = 425^m$, par exemple, ainsi que la forme de la balle ($p = 20\ d^3$, d'où $\lambda = 2,58$, comme au § 5), et l'on demande de déterminer les poids, ainsi que les calibres, des projectiles qui conviennent aux quantités de mouvement successives

  11,5 12,5 13,5 14,5 15,5

compatibles avec des armes dont les poids seraient, par exemple,

  $4^k,100$ $4^k,200$ $4^k,300$ $4^k,400$ $4^k,500$

les nombres 11,5 et 12,5, ainsi que les poids $4^k,100$ et $4^k,200$ pouvant être considérés comme admissibles pour des armes destinées au service de l'infanterie, les trois autres ne pouvant évidemment convenir qu'à des tirailleurs choisis d'une manière spéciale.

Le rapport $\dfrac{\pi}{p}$ qui correspond à 425 mètres, est 0,172 (courbe X), d'où $425\left(1 + \dfrac{0,172}{2}\right) = 461,6$, ce qu'on peut vérifier sur la courbe (Y).

Divisant par 461,6 les différentes valeurs de Pv, on trouve les poids de balle :

  $24^{gr},91$ $27^{gr},08$ $29^{gr},25$ $31^{gr},42$ $33^{gr},58$

dont les calibres successifs, en admettant la relation $p=20.d_3$, d'où $d=\sqrt[3]{\dfrac{p}{20}}$, seront :

$10^{mm},76 \qquad 11^{mm},06 \qquad 11^{mm},35 \qquad 11^{mm},63 \qquad 11^{mm},89$

Les charges de poudre B s'obtiendront (pour des armes se chargeant par la culasse) en multipliant les poids de balle successifs par le rapport 0,172.

On trouvera ainsi les nombres :

$4^{gr},3 \qquad 4^{gr},7 \qquad 5^{gr},0 \qquad 5^{gr},4 \qquad 5^{gr},8$

(fulminate non compris).

On pourra considérer les poids de poudre comme une première approximation, sauf à les augmenter ou à les diminuer de quelques décigrammes, jusqu'à ce que les charges modifiées aient donné la vitesse de 425 mètres au chronoscope électro-balistique. Il en résultera une légère variation dans la valeur de Pv, mais la différence relative sera toujours négligeable.

Admettons, par exemple, pour prendre le cas le plus défavorable, que dans le cas de la balle de $24^{gr},91$, la charge ait dû être *augmentée* de $E = 0^{gr},5$, ce qui serait énorme. Il en résulterait pour la quantité de mouvement P$v = 11,5$ une augmentation de $p\text{V} \times \dfrac{E}{2p}$ ou $\dfrac{V E}{2}$, soit puisqu'il faut exprimer $0^{gr},5$ en kilogramme $\dfrac{425 \times 0,0005}{2} = 0,106$ égale à peine $\dfrac{1}{108}$ de la valeur primitive de P$v = 11,5$.

§ 12. — Supposons que le calibre d'une arme, la balle et la vitesse initiale aient été déterminés d'après les indications précédentes, et que l'on ait eu surtout en vue d'obtenir de grandes portées, on sera sûr que cette balle aura une portée plus grande que toutes les balles de calibre inférieur ou supérieur, et de formes semblables déterminées par la condition $Pv = 12,5$, par exemple, ou tout autre nombre constant qu'on aura pris pour point de départ. Il ne faudrait pas en conclure, néanmoins, qu'il est impossible de trouver une balle qui, avec un calibre moindre, aurait une portée plus grande. Pour cela, on changerait un peu les données du problème; par exemple, on diminuerait le calibre de la balle et de l'arme, et l'on augmenterait le poids du projectile, ce qui reviendrait à augmenter le rapport λ en le rapprochant de sa valeur maxima, le nombre 3; on conserverait la même vitesse initiale ou même on l'augmenterait légèrement, ce qui, de toute manière, augmenterait le produit Pv : mais il faudrait, bien entendu, que Pv ne dépassât pas le nombre 13,0 pour une arme destinée au service de l'infanterie, et que λ ne fût pas supérieur à 3.

Ainsi, admettons que le calibre le plus favorable, compatible avec une valeur de λ égale à 2,6 (§ 9), et une valeur de $Pv = 12,5$, ait été reconnu, par expérience, égal à 11 mill. Soit 26^{gr},9 le poids de la balle et 428^m la vitesse initiale. Si, la vitesse initiale restant la même, nous choisissons une balle d'un plus petit calibre et d'une masse plus forte, nous serons évidemment, au point de vue du tir, dans des conditions meilleures, si ce n'est au point de vue du recul.

Adoptons toujours la même forme d'ogive et diminuons le calibre de 0^{mm},5. Dans la formule

$$p = 8,914 \left(\lambda - \frac{1}{3}\right) d^3$$

faisons $\lambda = 3$ et $d = 1,05$, puisque le nouveau calibre est de

$10^{mm},5$ et qu'on doit l'exprimer en centimètres ; nous trouverons $p = 27^{gr},6$.

Pour obtenir la *même* vitesse initiale 428ᵐ, il faudra augmenter la charge primitive dans les rapports de 27,6 à 26,9 (§ 2), ce qui ne changera pas la valeur de $V\left(1 + \dfrac{\pi}{2p}\right)$. Celle de Pv ou $pV\left(1 + \dfrac{\pi}{2p}\right)$ sera donc simplement augmentée dans le rapport de 27,6 à 26,9, c'est-à-dire qu'elle deviendra $12,5 \times \dfrac{27,6}{26,9}$ ou 12,8, conditions de recul encore fort acceptables pour une arme de 4 kil.0.

§ 13. — Si l'on avait voulu donner à des tirailleurs recrutés d'une manière spéciale, une arme de petit calibre, d'une portée plus grande et d'une plus grande justesse que le fusil modèle 1866, il peut être intéressant de savoir quel aurait pu être le calibre de cette nouvelle arme, déterminé d'après les principes exposés ci-dessus, en prenant pour point de départ la quantité de mouvement de la carabine modèle 1859, considérée comme supportable au point de vue du recul, ainsi que le poids 4 kil. 475 de l'ancienne arme.

Pour cette carabine, la vitesse initiale était 312ᵐ par seconde, son poids 48ᵍʳ, la charge 5ᵍʳ, d'où la valeur de

$$Pv = 0{,}048 \times 312\left(1 + \dfrac{5}{2 \times 48}\right) = 15{,}76.$$

Supposons que la nouvelle arme ait été un fusil à aiguille comme le modèle 1866, et admettons que, dans les deux armes, les calibres, les dimensions de la chambre et, par suite, celles de la balle et de la cartouche aient été *géométriquement* semblables.

Sous la même vitesse initiale (409^m), il y a tout lieu de penser que, dans ces conditions, le rapport du poids de la charge au poids de la balle dans la nouvelle arme eût été le même que dans le fusil modèle 1866, d'où

$$\frac{\pi}{2p} = \frac{5,25}{2 \times 24,85} = 0,1056,$$

nombre, du reste, assez faible pour que l'erreur commise (par suite de l'hypothèse d'une charge proportionnelle au poids de la balle pour la vitesse 409^m) soit tout à fait négligeable. Si donc p désigne le poids de la balle, la quantité de mouvement correspondante sera

$$p\mathrm{V}\left(1 + \frac{\pi}{2p}\right) = \times 409 \times (1 + 0,1056) = 451,6\,p.$$

Egalant ce produit à 15,76, on en déduit :

$$p = \frac{15,76}{451,6} = 0^k,0349 = 34^{gr},9.$$

Si, comme on l'a dit plus haut, on avait choisi pour cette balle une forme semblable à celle de la balle du fusil modèle 1866, balle dont le poids est 24^{gr},85, et le calibre 11^{mm} à la sortie du canon, on aurait trouvé le calibre x de l'arme nouvelle (en se rappelant que, à égalité de densité, les masses sont entre elles comme les volumes, et que, lorsque ces volumes sont semblables, ils sont entre eux comme les cubes des dimensions homologues) par la proportion

$$\frac{x^3}{11^3} = \frac{34,90}{24,85}, \text{ d'où } x = 11\sqrt[3]{\frac{34,90}{24,85}} = 12^{mm},3.$$

Quant à la charge, la proportion indiquée ci-dessus en eût donné une valeur approchée, c'est-à-dire qu'on aurait écrit

$$\frac{\pi}{34,90} = \frac{5,25}{24,85}, \text{ d'où } \pi = 7^{gr},4.$$

§ 14. — De tout ce qui précède, il résulte en définitive qu'on serait dans l'erreur en affirmant d'une manière absolue que les petits calibres donnent, au point de vue du tir, des résultats préférables à ceux des gros, par cela seul qu'ils sont plus petits. Nous ne saurions trop répéter qu'on ne doit rien préjuger à moins de connaître les données du problème; que cette assertion est fausse lorsque l'on traite la question après s'être imposé la forme générale du projectile ($l = \lambda d$, λ étant un nombre fixe compris entre 2,5 et 3,0), ainsi que la quantité de mouvement Pv qui limite l'intensité du recul. Dans ce cas, en effet, les dimensions et le poids de la balle résultent immédiatement de la vitesse donnée (§ 11), comme dans le cas de la balle ronde; dès lors, la perte de vitesse subie par les balles de plus petit calibre, en raison de la diminution de leur masse, compense et au delà l'avantage de la diminution de la résistance qu'elles éprouvent de la part de l'air par suite de la réduction du calibre.

§ 15. — On réaliserait dans les armes portatives un progrès considérable, si l'on pouvait substituer au plomb, considéré comme matière des projectiles, un autre métal réunissant à toutes les qualités de celui-ci une densité notablement plus forte. Une balle dont la matière aurait une densité égale à celle de l'or fondu, par exemple (19.26), plus grande des $\frac{2}{3}$ que celle du plomb (laquelle est 11.35), avec une forme semblable à celle de la balle du fusil modèle 1866 et un poids égal, correspondrait dans les mêmes conditions à un calibre d'arme égal à $11^{\text{mill}} \times \sqrt[3]{\dfrac{11.35}{19.26}}$ ou $9^{\text{mill}},2$ environ, soit une diminution d'environ 0,3 sur la section et, par conséquent sur l'effet exercé par la résistance de l'air.

Nul doute que, toutes choses égales d'ailleurs, les résultats du tir ne fussent très-sensiblement supérieurs comme portée, justesse et tension.

CH. TANERA, ÉDITEUR

LIBRAIRIE POUR L'ART MILITAIRE ET LES SCIENCES

RUE DE SAVOIE, 6, A PARIS

EXTRAIT DU CATALOGUE

ADAN. — Probabilités du tir et appréciation des distances à la guerre. 1 vol. in-8, avec figures. . . . . 5 fr.

CHARRIN. — Le revolver, ses défauts et les améliorations qu'il devrait subir, au point de vue de l'attaque et de la défense individuelles. Br. in-8 . . . . 1 fr.

CHARRIN. — Notice sur une nouvelle balle de carabine pour les petites armes de guerre et de chasse des amateurs de tir, avec sept figures de projectiles. Br. in-8. . . . . . . 1 fr. 25

FIX. — Le fusil de guerre. Br. grand in-8. . . . . 2 fr.

GALEZOWSKI. — Le fusil à aiguille adopté par la Russie. Br. in 8, avec figures. . . . . 1 fr. 50

LIBIOULLE. — Le revolver Galand, nouveau système à percussion centrale et extracteur automatique. Br. in-8 avec figures. . . . . 1 fr.

MANGEOT. — Traité du fusil de chasse et des armes de précision. Nouvelle édition. 1 vol. in-8, avec figures dans le texte et planches. . . . . 5 fr.

MARÈS. — Les armes de guerre à l'Exposition universelle de 1867. Br. in 8. . . . . 1 fr. 25

MONTEREY. — Armes de guerre. Etudes sur le chargement par la culasse. Br. in-8. . . . . 1 fr. 50

MORITZ-MEYER. — Manuel historique de la technologie des armes à feu, traduit de l'allemand par Rieffel, avec des additions et des annotations 2 vol. in-8. . . . . 15 fr.

MOSCHELL. — De l'effet du tir à la guerre et de ses causes perturbatrices. Br. in-8. . . . . 1 fr.

ODIARDI. — État de l'armement européen en 1866, avec planche. Br. in-8. . . . . 2 fr.

ODIARDI — Des nouvelles armes à feu portatives adoptées ou à l'étude dans l'armée italienne. Br. in-8, av. pl. 2 fr.

ODIARDI. — Des balles explosibles et incendiaires. Br. in-8, avec planche. . . . . 2 fr.

ODIARDI. — Les armes à feu portatives de petit calibre. Br. in-8 . . . . 3 fr.

PLOENNIES (DE). — Le fusil à aiguille, notes et observations critiques sur l'arme à feu se chargeant par la culasse, trad. de l'allemand par E. Heydt. Br. in-8, avec pl. . . 3 fr.

SCHMIDT. — Le développement des armes à feu et autres engins de guerre, depuis l'invention de la poudre à tirer jusqu'aux temps modernes. 1 vol. in-8, avec 107 pl. . . 10 fr.

SCHULTZE. — La nouvelle poudre à canon, dite poudre Schultze, et ses avantages sur la poudre à canon ordinaire et autres produits analogues. Traduit de l'allemand par W. Reymond. Br. in-8. . . . . 2 fr.

TACKELS. — Étude sur le pistolet au point de vue de l'armement des officiers. Br. in-8, avec figures . . . . . . 1 fr. 50

TACKELS. — Conférences sur le tir, et projets divers relatifs au nouvel armement. 1 vol. in-8, avec planches . . . 5 fr.

TACKELS. — Étude sur les armes à feu portatives, les projectiles et les armes se chargeant par la culasse. 1 vol. in-8, avec planches. 6 fr.

TACKELS. — Les fusils Chassepot et Albini, adoptés respectivement en France et en Belgique. Br. in-8, avec pl. . 2 fr.

TACKELS. — Armes de guerre; étude pratique sur les armes se chargeant par la culasse; les mitrailleuses et leurs munitions; le canon Montigny-Eberhaerd; le fusil Montigny; les fusils Charrin, Remington, Jenks. Cochran, Howard, Peabody, Dreyse, Chassepot, Snider, Terssen, Albini; les cartouches périphériques, etc. 1 vol. in-8, avec pl. . . 8 fr.

TACKELS. — La carabine Tackels-Gerard, nouveau système de culasse mobile, dite à bloc, à percussion centrale pour armes de guerre. Br. in-8 . . . . 50 c.

TACKELS. — Le nouvel armement de la cavalerie depuis l'adoption de l'arme se chargeant par la culasse. 1 vol. in-8, avec planches . . . . 5 fr.

www.ingramcontent.com/pod-product-compliance
Lightning Source LLC
Chambersburg PA
CBHW060912050426
42453CB00010B/1669